GEOART | Le Musée idéal

ESCAPE GAME

LE GUIDE DU MAÎTRE DU JEU

Les règles du jeu 2

L'énigme Van Gogh (facile) 5

Le code secret de Michel-Ange (intermédiaire) 13

Le tableau volé de Gustav Klimt (difficile) 22

LES RÈGLES DU JEU

LE CONCEPT D'ESCAPE GAME

Cette boîte propose aux joueurs de vivre une véritable expérience d'escape game à la maison. Comme dans une escape room, les joueurs auront un temps donné pour résoudre des énigmes. Les trois scénarios ont chacun un niveau de difficulté différent, il est donc conseillé de commencer par le plus facile pour aller vers le plus difficile.

• QUI PEUT JOUER ? Cet escape game peut se jouer en famille ou entre amis, de 3 à 8 joueurs. L'un des participants devra endosser le rôle de maître du jeu (MJ).

• LA MISSION Guidés par le MJ, les joueurs devront faire preuve de **logique** et d'un très bon **esprit d'équipe** pour résoudre les énigmes. Ils auront 45 minutes pour mener à bien chacune des 3 enquêtes.

• LE MATÉRIEL ET LES CARTES Cette boîte contient le livret de règles du MJ ainsi que 120 cartes, réparties en trois énigmes. Les joueurs doivent prévoir de quoi écrire. Les cartes sont distribuées par le MJ au fur et à mesure que les joueurs remplissent des objectifs et déverrouillent des étapes. Sur le recto de chacune sont indiqués un numéro ainsi que l'intrigue à laquelle elle appartient.

LE MAÎTRE DU JEU

• SA MISSION Le MJ explique les règles, remet les cartes aux joueurs et les guide tout au long de leur avancée dans le scénario.
Le MJ est aussi le gardien du temps. S'il s'aperçoit que les joueurs perdent trop de temps sur une étape, il ne doit pas hésiter à les aider en leur lisant

les indices donnés dans ce livret. Si les joueurs restent bloqués, le MJ peut leur donner des informations supplémentaires. À l'inverse, il ne donne pas d'indices trop vite s'il voit que les joueurs avancent bien.

• **SES INTERVENTIONS** Au cours de la partie, le MJ ouvre l'œil et tend l'oreille pour donner un coup de pouce aux joueurs quand il le juge utile, mais sans pour autant leur communiquer la réponse. Il ne fait qu'orienter leur raisonnement. Il assure en outre les transitions entre chaque énigme grâce aux mises en situation. Le MJ doit aussi préciser le temps qu'il reste toutes les 10 minutes, puis informer les joueurs lorsqu'il ne reste plus que 5 minutes.

• **LES INDICES** Le MJ doit veiller à les donner au bon moment. Si les joueurs sont encore en pleine réflexion, il doit leur laisser le temps d'aller au bout de leur idée. Cependant s'ils vont trop loin, en décodant mal un message par exemple, le MJ peut les réorienter sans attendre qu'ils aient terminé. C'est le MJ qui décide du bon moment pour révéler des indices. Les joueurs ne sont pas censés les réclamer.

• **LES MISES EN GARDE** Si le MJ constate qu'un joueur est sur la bonne piste mais que le reste du groupe s'égare, il peut intervenir. « Écoutez-vous les uns les autres. L'un d'entre vous a fait une remarque importante. » ; « Peut-être que vous avez négligé un indice passé. »

• **SES OUTILS** Grâce à ce livret, le MJ connaît l'objectif de chaque énigme, à ne pas dévoiler aux joueurs, ainsi que les solutions. Il connaît également l'ordre de résolution des énigmes et les cartes à utiliser pour chacune. Il se servira du livret et des numéros au recto des cartes pour se repérer. Enfin, toujours dans le livret, le MJ dispose d'un ou deux indices à donner aux joueurs pour chaque énigme, ainsi que des mises en situation à lire entre chacune.

PRÉPARATION DE LA PARTIE

Une fois l'énigme choisie, le MJ prépare la partie en se munissant d'un **chronomètre, de feuilles de papier et d'un crayon** dont auront besoin les joueurs. En effet, il ne faut pas hésiter soit à écrire sur les cartes au crayon papier, soit à recopier ou photocopier les cartes afin que les énigmes restent « rejouables » à volonté. Avant de commencer, il est conseillé au MJ de **lire le scénario et l'intégralité des énigmes** en regardant les cartes. La partie sera plus fluide.
Le MJ réunit ensuite les cartes de l'intrigue et les organise par étapes, en suivant les instructions du livret.

DÉROULEMENT DE LA PARTIE

Le MJ commence par lire la mise en situation initiale aux joueurs, puis il leur remet les cartes de la première étape, avant de lancer un chronomètre de 45 minutes. La partie commence !
Les joueurs échangent ensemble et décryptent les cartes. Ils doivent toujours garder à l'esprit que chaque étape permet de remplir un ou plusieurs objectifs, bien qu'ils ne les connaissent pas. Le MJ, quant à lui, observe leur progression, mais il ne prend pas part à la résolution.
Chaque fois qu'une étape est résolue, et que l'objectif a été atteint, le MJ lit la suite du scénario aux joueurs et leur remet de nouvelles cartes : une carte qui ne leur servira qu'à la toute fin de la partie, et la ou les cartes de la prochaine étape à résoudre.

FIN DE LA PARTIE

À chaque énigme résolue, le MJ aura remis une carte aux joueurs, qu'ils ne pourront décrypter qu'à la fin. Ce n'est que lorsque cette dernière étape a été résolue que les joueurs peuvent enfin crier victoire. Le MJ leur lit alors le scénario positif de fin.
Si le chronomètre atteint les 45 minutes avant que les joueurs aient terminé, le MJ peut les laisser continuer, puis il leur lira le scénario négatif à la fin.

L'énigme VAN GOGH

(Facile)

Mise en situation à lire aux joueurs

Vous êtes des visiteurs du MET (The Metropolitan Museum of Art), à New York, et tandis que vous admirez le tableau de Vincent Van Gogh *Champ de blé avec cyprès*, vous vous faites, tout à coup, happer par la toile et vous vous retrouvez prisonniers de ce paysage provençal. Une voix, qui semble venir de derrière les cyprès, vous conseille de bien observer ce paysage et décrypter certains éléments de la vie du célèbre peintre en Provence, c'est la clé pour vous libérer du tableau. La voix vous précise que vous avez 45 minutes pour suivre ce parcours à travers la campagne, qui vous guidera dans les pas de Van Gogh, de sa vie et surtout de son œuvre. Si vous ne parvenez pas à percer les mystères du champ de blé, vous vous incrusterez dans la toile et n'en ressortirez jamais !

1re étape/Immersion provençale

Objectifs (à ne pas lire aux joueurs)

- Recomposer le puzzle et mémoriser les éléments du tableau.
- Répondre ensuite à des questions sans l'avoir sous les yeux.

Mise en situation à lire aux joueurs

Vous êtes encore sous le choc de votre arrivée inattendue au cœur d'un tableau de Vincent Van Gogh. Même si le cadre est bucolique, vous n'avez pas l'intention d'y finir vos jours. Vous décidez donc de vous mettre en action immédiatement. Avant d'entamer ce parcours initiatique, vous prenez quelques minutes pour avoir une vue d'ensemble sur cette campagne provençale. Vous essayez de mémoriser chaque détail de cette magnifique toile, devenue pour vous réalité.

Le MJ remet les **cartes 1 à 4** puis, après une minute d'observation, la **carte 5** aux joueurs.

Les joueurs devront recomposer le tableau avec les cartes 1 à 4 et l'observer attentivement pendant 1 minute, afin de mémoriser un maximum d'éléments. Le MJ retournera alors les quatre cartes et les joueurs devront répondre aux questions de la carte 5.

→ Indice 1. Mémorisez les éléments, les couleurs...

SOLUTION
1-Deux. 2-Des coquelicots. 3-Du blé. 4-Un olivier. 5-Blanc et bleu.

Le MJ remet les **cartes 6 à 8** aux joueurs, ainsi que la **carte 34**, qui leur servira à la fin de la partie.

2e étape/Couleurs et odeurs

Objectif (à ne pas lire aux joueurs)

- Trouver lequel des grillons a un message en procédant par élimination d'après le portrait-robot qui en est fait.

Mise en situation à lire aux joueurs
Voilà, vous avez bien intégré les éléments de ce tableau. Maintenant, ouvrez grand vos cinq sens pour véritablement vous fondre dans l'œuvre. Vincent Van Gogh a peint ce tableau en juillet 1889, à Saint-Rémy-de-Provence. Sentez-vous la chaleur ? Entendez-vous les grillons ? Imprégnez-vous des odeurs et des couleurs. Observez les insectes. Ils ont peut-être quelque chose à vous dire...

Les joueurs devront trouver parmi les grillons représentés lequel est le détenteur d'un message. Pour cela, ils devront procéder par élimination en découvrant, ligne par ligne, le portrait-robot qui en est fait.

→ Indice 1. Le plus simple est de procéder par élimination.

SOLUTION
Le grillon qui joue du violon.

Le MJ remet les **cartes 9 à 14** aux joueurs, ainsi que la **carte 35**, qui leur servira à la fin de la partie.

3e étape/La vie d'artiste

Objectifs (à ne pas lire aux joueurs)

- Comprendre que les cinq cartes doivent être placées dans l'ordre décroissant en fonction de l'intensité de leur couleur.
- En déduire qu'il faut placer les lettres de chaque carte dans une ligne de la grille afin de lire le message colonne par colonne.

Mise en situation à lire aux joueurs
Le grillon au violon est un artiste, il vous conduit jusqu'à une cache, en bordure du champ de blé, dans laquelle vous trouvez de jolis petits cartons. Quels messages peuvent-ils bien contenir ? À vous de décoder !

Les joueurs devront comprendre que les 5 séries de lettres sont à insérer dans la grille de la **carte 14** puisqu'elle contient 5 lignes et 5 colonnes. Ils doivent les insérer à l'horizontale grâce à la flèche située à côté de la grille de la **carte 14**. Pour savoir dans quel ordre les inscrire, ils devront s'intéresser à la couleur de la feuille des **cartes 9 à 13** qui va du orange clair jusqu'au grenat. Le signe décroissant à gauche de la grille de la **carte 14** indique de noter les lettres selon l'intensité de la couleur par ordre décroissant. Il ne restera alors aux joueurs plus qu'à lire le texte de la grille en partant du haut à gauche et en descendant, colonne par colonne.

→ Indice 1. Quelle est la place d'un point d'interrogation en général ?
→ Indice 2. Une échelle d'intensité de couleur, ça vous parle ?
Dans quel ordre classer les couleurs ?
→ Indice 3. On remplit des lignes, mais on lit des colonnes.

SOLUTION

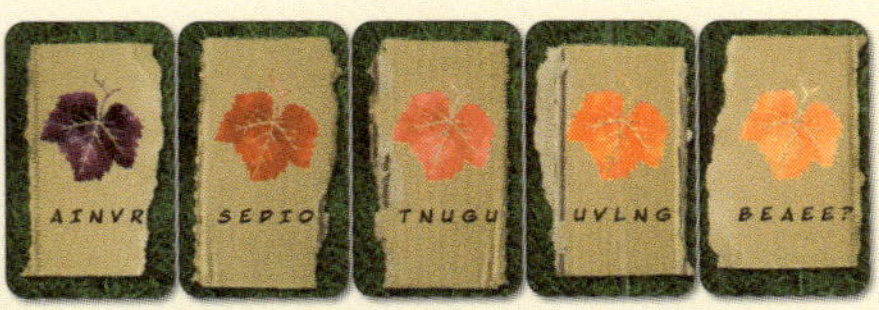

→ <

A	I	N	V	R
S	E	D	I	O
T	N	U	G	U
U	V	L	N	G
B	E	A	E	E?

Le message est le suivant : as-tu bien vendu *La Vigne rouge* ?

Le MJ remet les **cartes 15 et 16** aux joueurs, ainsi que la **carte 36**, qui leur servira à la fin de la partie.

4e étape/Correspondances

Objectif (à ne pas lire aux joueurs)

- Comprendre que les lettres « grisées » dans le texte mises côte à côte créent une phrase.

Mise en situation à lire aux joueurs

Il s'agit d'une question que Vincent Van Gogh pose à son frère, marchand d'art. Le peintre a vécu dans la pauvreté et il a vendu un seul tableau de son vivant : *La Vigne rouge*. C'est d'ailleurs principalement son frère Théo qui subvenait à ses besoins. Pour savoir quelles étaient les relations de Vincent avec son frère, étudiez cet extrait d'une de ses lettres et partez à la recherche du message dans le message.

Les joueurs remarqueront que certaines lettres sont légèrement grisées. En les mettant les unes à la suite des autres, ils obtiendront une phrase qui apporte une information sur les relations des deux frères.

→ Indice 1. Certaines lettres ressortent dans cette lettre de Vincent Van Gogh.
→ Indice 2. Pour rappel, on lit de gauche à droite et de haut en bas.

SOLUTION
Théo et lui étaient très proches.

Le MJ remet les **cartes 17 à 21** aux joueurs, ainsi que la **carte 37**, qui leur servira à la fin de la partie.

5e étape/Fraternité

Objectifs (à ne pas lire aux joueurs)

- Trouver des nombres dissimulés dans une image.
- Les placer à la base d'une pyramide mathématique et remplir les cases par addition.

Mise en situation à lire aux joueurs

Théo et Vincent sont restés proches toute leur vie. Théo est décédé six mois après son frère : ils sont d'ailleurs enterrés côte à côte. Savez-vous combien de lettres ils ont échangées des 19 ans de Théo à la mort de Vincent ? Admirez les tournesols, et ne perdez pas de temps, les minutes filent !

Les joueurs devront retrouver 5 nombres dissimulés dans le dessin des **cartes 17 à 20**. Ils devront ensuite les placer à la base de la pyramide afin d'obtenir un résultat, au sommet de la pyramide, en sachant que chaque nombre est la somme des 2 cases qui se trouvent en dessous de lui.

→ Indice 1. Vous avez 5 éléments à trouver.
→ Indice 2. Observez leurs couleurs ou bien leur ordre d'apparition.
→ Indice 3. On additionne du bas vers le haut.

SOLUTION
Environ **650** lettres.

650
320 330
180 140 190
111 69 71 119
64 47 22 49 70

Le MJ remet les **cartes 22 à 27** aux joueurs, ainsi que la **carte 38**, qui leur servira à la fin de la partie.

6e étape/Les tourbillons

Objectif (à ne pas lire aux joueurs)

- Décoder une phrase à l'aide d'un tableau de correspondance.

Mise en situation à lire aux joueurs
Ce que vous voyez ensuite vous fait lever les yeux vers le ciel. Pendant l'été 1889, Vincent Van Gogh avait peint plusieurs petites versions de *Champ de blé avec cyprès*. Les tourbillons sont caractéristiques de cette série, ainsi que les différentes couches de peinture qu'il superpose et qui restent visibles. Le tableau *La Nuit étoilée* fait partie de cette série. L'artiste applique la peinture sur sa toile, par touches de pinceaux, sans mélanger les couleurs sur sa palette. Vous trouvez, posé devant un olivier, un petit panneau avec cette question : « Pourquoi peindre des triptyques ou des séries de tableaux ? »

Les joueurs devront reconstituer le puzzle de 4 cartes grâce au dessin en filigrane, puis décrypter la phrase à l'aide du tableau de correspondance.

→ Indice 1. Les 2 lettres en rouge (V et J) ont été ajoutées, car elles n'ont pas de signes correspondants.
→ Indice 2. Il existe 4 signes différents pour traduire un espace entre deux mots.

SOLUTION

Pour affiner son art, Van Gogh aimait peindre plusieurs tableaux sur des sujets similaires.

Le MJ remet les **cartes 28 à 33** aux joueurs, ainsi que la **carte 39**, qui leur servira à la fin de la partie.

7e étape/Maison d'artistes

Objectifs (à ne pas lire aux joueurs)

- Retrouver les détails extraits d'une image.
- Inscrire leurs numéros dans un tableau pour en déduire les lettres d'un mot.
- Ranger les lettres dans le bon ordre grâce au code couleur.

Mise en situation à lire aux joueurs

Vincent Van Gogh rêvait de fonder une maison d'artistes à Arles, mais cela n'a pas pu se faire. Pour lui, le midi de la France, avec ses paysages très contrastés, était le lieu de création idéal. Il invita, dans la maison jaune qu'il louait, un de ses amis à partager son atelier avec lui, pour ensuite faire venir d'autres peintres avant-gardistes comme eux. Pour savoir de qui il s'agit, hâtez-vous de traverser les champs de blé et de trouver ce qui s'y cache.

Les joueurs observeront attentivement les ronds de la **carte 32** pour repérer ceux qui sont réellement extraits de l'image des **cartes 28 à 31**. Ils sont au nombre de 5. Ils devront ensuite reporter leurs numéros dans le tableau de la **carte 33**, sur la première ligne, dans l'ordre croissant, comme indiqué dans la phrase de consigne. Ils utiliseront l'ordre alphabétique pour transformer ces nombres en lettres. Pour finir, ils auront à classer ces lettres dans le bon ordre pour trouver le nom du peintre, en 7 lettres. Pour cela, ils utiliseront les codes couleurs : une couleur par lettre (2 lettres sont en double dans le mot).

→ Indice 1. La carte 33 vous indique combien de détails correspondent à la peinture et comment les ranger.
→ Indice 2. Quelle est la plus simple façon de transformer des chiffres en lettres ?
→ Indice 3. Quel rapport faites-vous entre les couleurs des deux dernières lignes du tableau ?

SOLUTION

Gauguin.

	1	7	9	14	21	
	A	G	I	N	U	
G	A	U	G	U	I	N

Le MJ remet les **cartes 34 à 37** et la **carte 40** aux joueurs, qui leur servira pour cette énigme finale.

8e étape/L'oreille coupée

Objectifs (à ne pas lire aux joueurs)

- Reconstituer la grille avec les 4 cartes et y retrouver 13 mots cachés.
- Décoder un message en alternant les textes de deux bulles.
- Compléter des opérations pour trouver une date.

Mise en situation à lire aux joueurs

Paul Gauguin est resté deux mois à Arles avec Vincent Van Gogh. Leur relation était amicale, mais parfois houleuse. Un soir de décembre 1888, les deux peintres se disputent. Paul Gauguin s'enfuit et Vincent Van Gogh est retrouvé avec l'oreille tranchée. Cet épisode est immortalisé dans des autoportraits, dont *Autoportrait à l'oreille bandée et à la pipe*. Vous êtes dans la dernière ligne droite : vite, vous devez maintenant vous plonger dans les titres des tableaux que le génie de la peinture a réalisés à Saint-Rémy-de-Provence.

Les joueurs devront retrouver dans la grille de mots cachés qu'ils auront reconstituée, avec les **cartes 34 à 37,** 13 mots extraits de titres de tableaux que Van Gogh a peints à Saint-Rémy, à savoir : amandier, cueillette, champ, coquelicot, cyprès, étoile, faucheur, hôpital, iris, oliveraie, pins, prairie et ravin. Ils devront ensuite comprendre, avec la **carte 40**, qu'ils doivent reconstituer une citation du célèbre peintre. En alternant les mots des 2 bulles : 2 mots de la bulle 1 puis 1 mot de la bulle 2 et ainsi de suite... Il leur restera alors à trouver la date de la citation en complétant les calculs de la **carte 40**. Pour la première ligne, il y a juste à trouver le signe opérateur (multiplier).

→ Indice 1. Les mots de la grille sont à l'horizontale ou à la verticale, dans un seul sens.

→ Indice 2. Vincent Van Gogh perdait parfois un peu la tête, ses propos se mélangeaient, mais conservaient malgré tout une certaine logique.

→ Indice 3. Essayez l'alternance 2 1 2 1...

SOLUTION

Titres des tableaux : *Route avec un cyprès et une* ***étoile*** *–* ***Amandiers*** *en fleurs – Le* ***Ravin*** *des Peyroulets – Champs de* ***coquelicots*** *– Champ de blé avec* ***cyprès*** *– La* ***Cueillette*** *des olives – Champ de blé au* ***faucheur*** *–* ***Pins*** *contre un ciel du soir – Le* ***Champ*** *d'oliviers – L'****Oliveraie*** *–* ***Prairie*** *dans les montagnes –* ***Hôpital*** *Saint-Paul à Saint-Rémy-de-Provence – Les* ***Iris****.*

P	Y	C	O	Q	U	E	L	I	C	O	T	S	E	T	D
K	P	O	E	P	T	J	D	U	A	L	I	G	K	B	C
Y	A	L	P	I	L	L	I	S	N	I	R	I	S	E	S
M	V	T	I	A	R	T	I	P	S	V	O	A	N	B	U
I	A	U	N	B	P	A	U	S	V	E	N	M	A	E	C
N	T	S	S	E	N	M	T	L	E	R	S	O	R	U	Y
U	R	D	A	U	O	A	V	B	N	A	D	L	A	E	P
G	S	G	H	A	Z	N	X	S	H	I	L	P	V	J	R
A	F	K	O	F	J	D	L	B	N	E	X	O	I	L	E
S	A	L	P	A	T	I	M	I	X	B	T	U	N	E	S
C	U	E	I	L	L	E	T	T	E	E	S	F	H	K	M
M	C	M	T	A	E	R	T	U	O	C	H	A	M	P	X
X	H	Z	A	N	V	S	W	J	F	P	I	T	E	A	Y
H	E	S	L	T	G	K	E	P	R	A	I	R	I	E	O
I	U	R	A	E	T	U	O	Q	D	G	J	L	W	C	N
F	R	E	Z	E	T	O	I	L	E	H	K	M	X	V	N

Citation : **Les peintres comprennent la nature et ils l'aiment ; ils nous apprennent à regarder.**

A = 16 **x** 12 = 192

B = A - 5 = **187**

C = B x 10 = **1870**

D = C + 4 = **1874** = date de la citation.

La citation est extraite d'une lettre à Théo de 1874 (ses premières toiles datent de 1881 !)

Si les joueurs ont trouvé la solution de l'énigme finale en moins de 45 minutes, le MJ leur lit le scénario positif. Sinon, il leur lit le négatif.

Scénario positif

Parfait, vous êtes arrivés au terme de ce voyage à l'intérieur d'une œuvre de Vincent Van Gogh. Bravo, vous allez pouvoir retrouver votre liberté. Vous avez contribué à percer les mystères du champ de blé et de cette période de la vie du peintre. Maintenant, vous reprenez le cours de votre existence, mais quelque chose aura changé dans votre vie : la Provence, ses odeurs, ses couleurs mêlées à celles des toiles du grand maître resteront imprimées en vous !

Scénario négatif

Malheureusement, vous n'avez pas eu le temps de finir votre périple à travers le tableau du *Champ de blé avec cyprès* ! Vous vous incrustez donc dans la toile du grand coloriste. Désormais, les visiteurs du musée new-yorkais auront la surprise de vous découvrir dans ce paysage provençal. Mais consolez-vous, vous devenez ainsi immortels et associés à l'un des peintres les plus célèbres de la planète !

Le code secret DE MICHEL-ANGE

(Intermédiaire)

Mise en situation à lire aux joueurs

Nous sommes en 1958, à Rome. Vous êtes des cardinaux français chargés d'élire le prochain pape. Vous êtes donc enfermés dans la chapelle Sixtine depuis trois jours et devez procéder au onzième tour de vote, qui, vous l'espérez, sera le dernier. Vous venez de vous installer à vos places quand vous entendez une voix vous chuchoter, en français : « Je suis Michel-Ange, levez les yeux et observez mes fresques et vous saurez comment faire pencher les votes pour désigner le prochain pape. » Vous décidez de vous prendre au jeu et vous voilà embarqués dans un étrange voyage au milieu des peintures bibliques de l'artiste que l'on a surnommé le « Divin ». Gardez, malgré tout, les pieds sur terre, car le prochain vote a lieu dans 45 minutes !

1re étape/En conclave

Objectifs (à ne pas lire aux joueurs)

- Repérer les œuvres qui ne sont pas de Michel-Ange.
- Comprendre qu'il faut les placer dans une grille et en déduire le mot mystère.

Mise en situation à lire aux joueurs

Vous êtes donc enfermés dans la chapelle Sixtine pour élire le successeur du pape Pie XII et vous prenez la mesure de votre tâche : désigner, parmi les cardinaux présents, lequel sera le prochain pape. Vous commencez à vous impatienter, après tant de tours de scrutin infructueux. Vous mourez d'envie de quitter cette chapelle où vous passez toutes vos nuits et tous vos jours depuis le 25 octobre. Pourtant, tant que le nouveau pape ne sera pas élu, impossible de quitter les lieux. Alors, faites en sorte que la désignation du pape se fasse rapidement. Commencez par trouver le mot mystère indispensable à votre sortie !

Le MJ remet les **cartes 1 à 3** aux joueurs.

Les joueurs devront deviner, grâce à la phrase de la **carte 3**, qu'ils ont à repérer trois œuvres qui ne sont pas de Michel-Ange parmi celles figurant sur les **cartes 1 et 2**. Ils les placeront dans la grille de la **carte 3** pour trouver le mot mystère, qui se lit à la verticale, dans le cadre.

→ Indice 1. Ces trois œuvres bien placées vous feront découvrir le mot mystère.

SOLUTION

Ces trois œuvres ne sont pas de Michel-Ange. Le mot mystère est : **clé**.

Raphaël	L	E	S	T	R	O	I	S	G	R	Â	**C**	E	S							
Raphaël								L'	É	C	O	**L**	E	D'	A	T	H	È	N	E	S
Léonard de Vinci			L	A	D	A	M	E	À	L'	H	**E**	R	M	I	N	E				

Le MJ remet les **cartes 4 à 12** aux joueurs, ainsi que la **carte 34**, qui leur servira à la fin de la partie.

2e étape/La création d'Adam

Objectifs (à ne pas lire aux joueurs)

- Recomposer le puzzle de la création d'Adam, contenant un mot par carte.
- Comprendre qu'il faut remplir le texte à trous avec ces mots.

Mise en situation à lire aux joueurs

Vous comprenez que c'est la clé qui ouvrira la porte de la chapelle Sixtine, une fois le pape élu. Vous avez donc décidé d'accepter l'aide de Michel-Ange pour cette élection, car il semble justement en mesure de vous donner quelques clés. Ce sont donc les yeux levés vers le plafond que vous vous interrogez sur ce que ce grand artiste cherche à vous dire. Les magnifiques fresques, commandées par le pape Jules II, illustrent le récit biblique de la Genèse. Vos regards se dirigent spontanément vers la fameuse représentation de *La Création d'Adam*.

Les joueurs devront comprendre qu'il leur faut remplir le texte à trous de la **carte 12** avec les mots notés sur chaque carte du puzzle symbolisant *La Création d'Adam*, représentée sur le plafond de la chapelle Sixtine. Pour les aider, les lettres notées sur cette même **carte 12** donnent l'ordre des 8 cartes (telles qu'elles sont placées dans le puzzle) : le A désigne la première des cartes, le B, la seconde...

→ Indice 1. Un tableau, des mots, des trous.
→ Indice 2. Une suite de lettres peut vous inspirer, pour placer les cartes dans un certain ordre.

SOLUTION
Michel-Ange représenta **Dieu** dans un **cerveau**, car il donne la **connaissance** ou alors dans un **utérus**, car il donne la **vie** ? **Omnipotent**, du bout de son **doigt**, sans effort, il donne la vie à **Adam**.

Le MJ remet tout d'abord les **cartes 13 à 15** aux joueurs, puis les **cartes 16 et 17** ensuite, ainsi que la **carte 35**, qui leur servira à la fin de la partie.

3e étape/Les envoyés de Dieu

Objectifs (à ne pas lire aux joueurs)
- Étudier les dessins et les textes pour en déduire des personnages bibliques.
- Décoder une grille qui contient un message de Michel-Ange.

Mise en situation à lire aux joueurs
Vous voilà au cœur de l'œuvre du grand artiste et sous l'œil du créateur de l'Univers. Ce chef-d'œuvre nécessita quatre ans de dévouement physique et créatif à Michel-Ange. Vous continuez à observer les fresques représentant le déluge avec Noé et le jardin d'Éden. Puis votre regard s'abaisse, et vous admirez les personnages siégeant sur des trônes ; l'un d'entre eux vous est très familier. Qui est-il et à quel groupe appartient-il ? Michel-Ange a certainement un message pour vous !

Les joueurs devront deviner de quel personnage il s'agit, à l'aide des indications des **cartes 13 et 14** puis à quel groupe il appartient dans la fresque du plafond de la chapelle Sixtine grâce à la **carte 15**. Si les joueurs n'ont pas trouvé le nom de l'homme dans le ventre de la baleine, le MJ donne les **cartes 16 et 17** : les grilles sont à superposer pour ne lire que les lettres situées dans les cases non bleues. Elles donneront le message.

→ Indice 1. Les réponses se trouvent dans la Bible.
→ Indice 2. Imaginez que les deux grilles soient superposées et que les cases non bleues soient transparentes.

SOLUTION

Cartes 13 et 14. Je suis **Jonas**.
Carte 15. Nous sommes des **prophètes**.
Cartes 16 et 17. **« Suivez le regard de Jonas. »**

Le MJ remet les **cartes 18 à 22** aux joueurs, ainsi que la **carte 36**, qui leur servira à la fin de la partie.

4e étape/Les cardinaux favoris

Objectifs (à ne pas lire aux joueurs)

- Résoudre un carré latin.
- S'aider des couleurs pour calculer le nombre de voix des trois cardinaux en tête du vote.

Mise en situation à lire aux joueurs

En suivant le regard de Jonas, vous arrivez sur le visage de Dieu, qui se dresse face à lui. Vous comprenez alors que Dieu ne vous abandonnera pas dans votre lourde mission de désigner un pape. Comme il a libéré Jonas du ventre de la baleine, il vous soutiendra. Forts de cette conviction, vous écoutez le résultat du vote qui vient de se terminer, mais qui reste infructueux. Trois cardinaux se partagent la totalité des voix : lesquels et quels scores ?

Les joueurs devront résoudre le carré latin de la **carte 20**, comportant des cases colorées (les règles sont indiquées en **carte 21**). Ils devront ensuite comprendre, grâce à la **carte 22**, qu'il faut reprendre les chiffres colorés du carré pour faire des calculs. Ils auront noté que les initiales présentes sur les visages des cardinaux, en **carte 18**, correspondent aux deux premières lettres de leur nom (voir liste de noms en **carte 19**). Ils pourront ensuite calculer le nombre de voix des trois cardinaux arrivés en tête de ce tour de scrutin.

→ **Indice 1. Demandez-vous à quoi servent les couleurs.**
→ **Indice 2. Huit cardinaux sont parmi les favoris, mais quels sont leurs noms ?**

SOLUTION

Masela a 18 voix (4 x 5 - 2)
Agagianian a 17 voix (4 x 4 + 1)
Roncalli a 15 voix (3 x 5).

2	3	4	5	1
4	5	1	2	3
1	2	3	4	5
3	4	5	1	2
5	1	2	3	4

Le MJ remet les **cartes 23 et 24** aux joueurs, ainsi que la **carte 37**, qui leur servira à la fin de la partie.

5e étape/Papes et artistes

Objectifs (à ne pas lire aux joueurs)

- Compléter une suite logique.
- Effectuer des calculs pour obtenir une date.

Mise en situation à lire aux joueurs

À présent, vous avez les éléments pour établir votre stratégie de vote. Cela dit, il vous reste à deviner quel est le dessein de Dieu ! Michel-Ange, de son vivant, a connu le pape Jules II qui lui avait commandé son monument funéraire, projet de longue haleine. Bien qu'inabouti, on peut l'admirer dans la basilique Saint-Pierre-aux-Liens de Rome. C'est lui aussi qui lui a commandé les fresques du plafond de la chapelle Sixtine. Il était, paraît-il, très impatient de les découvrir ! Il a d'ailleurs quitté ce monde peu de temps après. En quelle année déjà ?

Les joueurs résolveront la suite logique en additionnant le premier chiffre à son miroir (ex. : 17 et 71, 26 et 62) : on obtient ainsi 88. La suite progresse en changeant à chaque fois de dizaine (17 26 35 44…). Les joueurs devront donc, pour la dizaine des 3 et 7, déterminer quel nombre donne 88 quand on l'additionne à son miroir. Ils n'auront alors plus qu'à compléter les opérations de la **carte 24** en remplaçant le chapeau de pape par le bon nombre.

→ Indice 1. Dans la suite logique, vous observez une constante et des nombres en progression.
→ Indice 2. Intéressez-vous aux chiffres qui composent les nombres.
→ Indice 3. Un nombre visible s'additionne à un autre qui lui ressemble.

SOLUTION

L'année de décès de Jules II est **1513**.

Suite logique : on additionne au premier nombre son « miroir » (celui obtenu en inversant dizaine et unité) et on note le résultat à côté.

17 + 71 = 88 ; 26 + 62 = 88 ; 44 + 44... À chaque fois, on change de dizaine (17 26 35 44 53 62 71)

Les nombres à trouver dans la suite logique sont : 35 ; 88 ; 71

A = 45 (71 – 26) B = 1 575 (45 x 35) 1 575 – 62 = 1513

Le MJ remet les **cartes 25 à 29** aux joueurs, ainsi que la **carte 38**, qui leur servira à la fin de la partie.

6e étape/Position des corps

Objectif (à ne pas lire aux joueurs)

- Identifier dans des tangrams certaines figures géométriques, les compter et les additionner.

Mise en situation à lire aux joueurs

En cette période de la Renaissance, quand Jules II fait appel à Michel-Ange, ce dernier est déjà connu comme sculpteur, grâce notamment à son *David*, taillé dans le marbre. Il le revendiquait et ne se considérait pas comme peintre, mais comme sculpteur. Sa façon de figurer les corps, dont il connaissait parfaitement l'anatomie, en est la démonstration. Vous regardez de plus près les personnages du plafond et remarquez combien leurs positions sont dynamiques. Vous devinez qu'un message se cache derrière ces représentations. Vite, l'heure du vote approche !

Les joueurs compteront des formes géométriques parmi différents personnages incarnant le mouvement, à l'instar des personnages de Michel-Ange. Ils devront ensuite les additionner pour obtenir un total qui leur servira plus tard.

→ Indice 1. Les différents personnages sont-ils composés à partir des mêmes formes géométriques ?

SOLUTION

15 figures (6 triangles roses, 5 triangles jaunes et 4 parallélogrammes verts).

Le MJ remet les **cartes 30 à 33** aux joueurs, ainsi que la **carte 39**, qui leur servira à la fin de la partie.

7ᵉ étape/Ève et les sibylles

Objectif (à ne pas lire aux joueurs)

- Décoder un message en se servant du clavier d'une machine à écrire.

Mise en situation à lire aux joueurs

Vous ne savez pas du tout en quoi ce nombre vous sera utile, mais vous le gardez en tête. Vous pensez à toute l'œuvre de Michel-Ange et vous souvenez qu'il réalisa sa *Pieta* à seulement 24 ans. De nouveau les yeux levés vers ce plafond de 800 m², vous observez, tour à tour, ses neuf scènes centrales, regroupées en trois thèmes : la création, le jardin d'Éden et le déluge. Vous observez plus particulièrement Ève et les personnages féminins sur leurs trônes. Vous trouvez alors un petit papier glissé sur l'une de vos tables comportant une suite de lettres.

Les joueurs devront décoder les phrases des **cartes 31 et 32** à l'aide des indices des **cartes 30 et 33**. La **carte 30** donne une indication sur le personnage dont on parle. La **carte 33** donne la clé de décodage, à savoir le clavier de la machine à écrire en reculant d'une lettre. Ainsi le R est à remplacer par le E (la lettre juste avant sur le clavier) et le Y par le L. On lit le clavier de haut en bas et de gauche à droite.

→ Indice 1. En 1958, les machines à écrire avaient déjà un clavier assez similaire à ceux de nos ordinateurs actuels, mais avec des différences.
→ Indice 2. Les lettres du clavier se lisent de gauche à droite et de haut en bas. On ne tient compte que des lettres.

SOLUTION

Les femmes au même rang que les prophètes sont des sibylles.
Suivez celle de Delphes.

Le MJ remet la **carte 40** aux joueurs.

8ᵉ étape/Fumée blanche

Objectifs (à ne pas lire aux joueurs)

- Compléter un message avec l'élément d'une énigme précédente.
- Retrouver quelles ombres correspondent à quel cardinal.
- Traverser une grille en retrouvant les éléments de la fumée pour trouver des initiales.

Mise en situation à lire aux joueurs

Que peut bien signifier suivre la sibylle de Delphes ? Vous observez attentivement cette prophétesse de la Grèce antique : elle tend son doigt vers le bas, comme pour désigner quelqu'un. L'heure du vote approche ! Que veut vous dire le « Divin » ? Si vous réussissez à comprendre le message de Michel-Ange, alors vous saurez quel cardinal élire et une fumée blanche signalera la fin du conclave. Soyez donc attentifs et surtout rapides !

Les joueurs liront le message de Michel-Ange et comprendront qu'ils doivent voter pour l'un des trois cardinaux qui étaient favoris lors du précédent tour d'élection. S'ils ne se souviennent pas desquels il s'agit (c'était l'énigme 4), ils pourront les retrouver grâce aux **cartes 36 et 37** : parmi les huit ombres de cardinaux, seules trois correspondent. Elles désignent les trois cardinaux favoris identifiés avec les deux premières lettres de leurs noms de famille. Pour compléter la bulle du personnage de Michel-Ange de la **carte 38**, les joueurs devront se rappeler du nombre trouvé à l'énigme 6. Enfin, pour savoir lequel des trois cardinaux passera sous le doigt de la sibylle de Delphes, les joueurs devront trouver la solution du jeu des **cartes 39 et 40**. En partant, tour à tour, des trois flèches, ils retrouveront les éléments nécessaires pour produire la fumée blanche ou noire, à savoir ceux du mémo des **cartes 34 et 35** (paille, bulletins de vote, goudron ou paille humide). Ils devront suivre de leur doigt cette liste et ils arriveront au bout de la grille en y ajoutant deux lettres correspondant aux deux premières lettres des noms de cardinaux. Ainsi, ils sauront que les éléments pour produire la fumée blanche correspondent aux initiales RO, c'est-à-dire le cardinal Roncalli.

→ Indice 1. Seuls trois des huit cardinaux ont leur véritable ombre. Lesquels ?
→ Indice 2. Pour savoir pour quel cardinal voter, repérer celui qui est situé, dans la grille, après les éléments permettant de produire la fumée blanche.

SOLUTION

Carte 34. 15. Masella - Agagianian - Roncalli.
Carte 36 et 37. Les ombres correspondent aux initiales MA, RO et AG.
Carte 38. 15 heures.

Il faut se référer à la carte 35 et on voit que le texte en orange reprend les éléments pour produire la fumée blanche. En bout de ligne, on voit les initiales RO correspondant au cardinal Roncalli. (Les textes en jaune et vert comportent les éléments pour produire la fumée noire et les initiales des deux autres cardinaux favoris : Masella et Agagianian).

Le pape est donc le **cardinal Roncalli**.

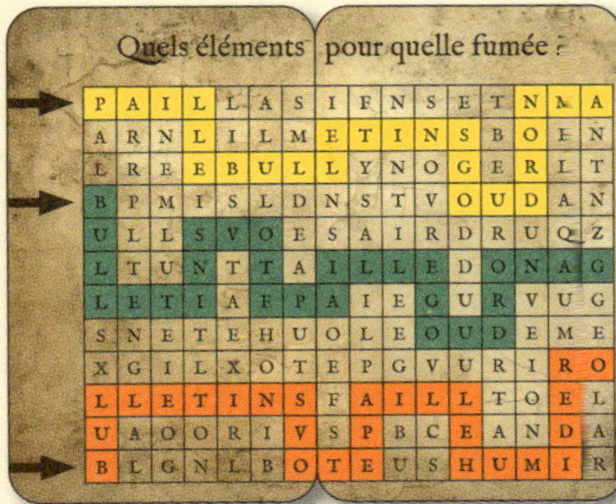

Si les joueurs ont trouvé la solution de l'énigme finale en moins de 45 minutes, le MJ leur lit le scénario positif. Sinon, il leur lit le négatif.

Scénario positif

C'est donc le cardinal Roncalli qui est passé sous le doigt de la sibylle de Delphes, à 15 heures tapantes. Vous, les cardinaux français, avez voté en sa faveur et, grâce à vous, il est élu ! Bravo, vous avez réussi à décrypter les conseils de ce génie de Michel-Ange qui réalisa, 20 ans après le plafond, à plus de 60 ans, cette fresque monumentale du *Jugement dernier*, dont on dit que le pape de l'époque serait tombé à genoux devant tant de beauté. Ce 28 octobre 1958, c'est celui qui prendra le nom de Jean XXIII qui est élu. Voilà, vous pouvez enfin sortir, le conclave est achevé. Et le plafond de la chapelle Sixtine n'a plus aucun secret pour vous !

Scénario négatif

Dommage, vous n'avez pas réussi à comprendre assez vite les messages du grand Michel-Ange ! Vous voilà toujours enfermés dans la chapelle Sixtine, comme Jonas dans le ventre de la baleine. Il ne vous reste donc plus qu'à invoquer le Créateur pour qu'il vous libère sans trop tarder… Profitez-en pour étudier l'évolution artistique de Michel-Ange entre ses deux œuvres présentes dans la chapelle Sixtine. Admirez encore leur beauté et la complexité de la représentation du corps humain qu'il maîtrisait à la perfection !

Le tableau volé
DE GUSTAV KLIMT

(Difficile)

Mise en situation à lire aux joueurs

Vous êtes une équipe d'historiens d'art, spécialistes du symbolisme, et vous êtes chargés d'enquêter sur les tableaux disparus de Gustav Klimt, célèbre peintre de la fin du XIXe siècle. Un tableau aurait été retrouvé en Autriche et une vente aux enchères est prévue dans 45 minutes. Vous devez, avant qu'elle ne débute, retracer la vie de Klimt et le parcours de ces tableaux portés disparus, depuis leur confiscation par les nazis, à Vienne, en 1938, au moment de l'annexion de l'Autriche par l'Allemagne. Il vous faut prouver, en expertisant cette œuvre, *Schubert au piano II*, qu'elle aurait pu être peinte par Klimt et resurgir aujourd'hui. Si ce n'est pas le cas, il s'agirait alors d'une copie et sa mise à prix ne sera plus du tout la même !

1re étape/Une technique à part

Objectif (à ne pas lire aux joueurs)

- Compléter, par des verbes conjugués, un texte à trous.

Mise en situation à lire aux joueurs

En tant qu'historiens de l'art, vous connaissez très bien Gustav Klimt et son œuvre. Vous vous concentrez donc sur cette période de la fin du XIXe siècle pour étudier en détail sa façon de peindre à cette époque. Au moment où Klimt peint ce tableau, il vient de fonder la Sécession viennoise, un groupe de 40 artistes novateurs qui décide de rompre avec l'académisme. Klimt est cependant formé à l'art classique. Ce tableau, *Schubert au piano II*, marque la transition entre sa période réaliste et celle où il adoptera son style Art nouveau. Essayez d'en savoir plus sur ce peintre quelque peu mystérieux...

Le MJ remet les **cartes 1 à 3** aux joueurs.

Les joueurs devront compléter le texte à trous de la **carte 2**. Pour les aider, la **carte 3** donne les verbes à l'infinitif qu'il faut conjuguer et mettre à la bonne place. Le point, après le verbe vouloir, donne une indication de l'endroit où il est placé.

→ Indice 1. Soyez attentifs au moindre détail et conjuguez !

SOLUTION

Si quelqu'un veut **savoir** quelque chose sur moi en tant que peintre, qu'il **regarde** attentivement mes toiles et qu'il **cherche** à **découvrir** en elles, ce que je **suis** et ce que je **veux**.

G. Klimt

Le MJ remet les **cartes 4 à 10** aux joueurs, ainsi que la **carte 34**, qui leur servira à la fin de la partie.

2e étape/Art nouveau

Objectifs (à ne pas lire aux joueurs)

- Faire le rapprochement entre l'inscription au fronton, sur la photo, et la phrase en français.
- Comprendre que les chiffres indiqués correspondent à des lettres.
- Retrouver les chiffres manquants grâce à l'inscription en allemand et calculer.

Mise en situation à lire aux joueurs

Gustav Klimt le dit lui-même, il est à l'intérieur de ses toiles. Ainsi, observez un maximum de ses œuvres, avant que la vente aux enchères ne débute. Déjà, mettez-vous dans le contexte artistique de cette année 1899. Les artistes du mouvement de la Sécession voulaient disposer d'un bâtiment où exposer des œuvres contemporaines du monde entier. Klimt en réalisa les esquisses et Joseph Maria Olbrich éleva en six mois ce joyau de Vienne inauguré en 1898. Il s'agit du palais de la Sécession, couronné d'un dôme de feuilles de laurier dorées. À votre avis, combien de feuilles de laurier composent ce dôme ?

Les joueurs devront faire le rapprochement entre la phrase de la **carte 8** et la phrase du fronton sur la photo des **cartes 4 à 7** (traduction en français). Ils devront ensuite comprendre que les chiffres de la **carte 9** correspondent

à des lettres (ex : A = 1, B = 2...) qui sont celles des mots : ZEIT, KUNST et FREIHEIT. Ils pourront alors remplacer les taches de couleur par le bon chiffre. Ainsi, la tache bleue est la deuxième lettre de Zeit, soit le E, correspondant au chiffre 5. La tache rouge est la troisième lettre de Kunst, soit le N, correspondant au chiffre 14, et ainsi de suite ;
Le calcul sera donc le suivant : [(14 – 8) x 11] x 9 + 6 = Ψ ; Ψ x 5 = ...

→ Indice 1. Observez la photo et faites un rapprochement avec la phrase.
→ Indice 2. Trois suites de chiffres et de taches de couleur pour trois mots.
→ Indice 3. Époque – Art – Liberté en allemand : leurs lettres deviennent des chiffres.

SOLUTION

La sphère est constituée de **3 000** feuilles de laurier en fer forgé doré.

[(14 - 8) x 11] x 9 + 6 = 600   600 x 5 = 3000

Le MJ remet les **cartes 11 à 13** aux joueurs, ainsi que la **carte 35**, qui leur servira à la fin de la partie.

3e étape/Une vie entre deux siècles

Objectif (à ne pas lire aux joueurs)

- Éliminer les mots dont les lettres ne figurent pas dans la grille pour découvrir les matériaux utilisés dans la fresque.

Mise en situation à lire aux joueurs

Gustav Klimt a vécu entre deux siècles et il incarne ce passage de l'empire des Habsbourg, et sa culture austro-hongroise, à la modernité du XXe siècle. Il a été le promoteur d'un art global, d'un art intégré à la vie. L'exemple le plus frappant réside dans sa fameuse frise en mosaïque du palais Stoclet à Bruxelles, avec son arbre de vie. Trouvez vite les matériaux qui composent cette fresque !

Les joueurs devront comprendre que parmi tous les mots de la **carte 11 et 12**, certains peuvent s'écrire avec les lettres de la grille de la **carte 13** et d'autres non. Ainsi, ils élimineront les mots dont toutes les lettres ne figurent pas dans cette grille pour garder seulement les autres.

→ Indice 1. Quel rapprochement peut-on faire avec la liste de mots et la grille de lettres ?
→ Indice 2. Les mots peuvent être séparés en deux listes.
→ Indice 3. Laquelle des deux listes élimine-t-on ?

SOLUTION
Corail – or – marbre – faïence – pierres semi-précieuses

Le MJ remet les **cartes 14 à 16** aux joueurs, ainsi que la **carte 36**, qui leur servira à la fin de la partie.

4e étape/Les musiciens

Objectif (à ne pas lire aux joueurs)

- Résoudre un problème de balances.

Mise en situation à lire aux joueurs
Le sous-sol du palais Stoclet abrite la célèbre frise de Beethoven, réalisée par Gustav Klimt, sur le thème de la *Symphonie n °9*, en hommage au grand compositeur. Ce lien avec les grands musiciens est visible avec le tableau *Schubert au piano II*, mais également avec le *Portrait de Josef Pembaur*. Ce tableau qui date de 1890 est hors normes. Gardez-le en mémoire, il vous servira de référence pour votre authentification. Rappelez-vous plus spécialement des détails dont il est orné.

Les joueurs devront observer les cinq balances et, par calcul, trouver combien d'étoiles il manque sur le plateau de gauche de la balance déséquilibrée (**carte 16**). Pour cela, ils devront, dans un premier temps, établir combien d'étoiles et de lyres valent 1 Apollon, 1 pianiste et 1 colonne. Dans un deuxième temps, en observant la balance 4, ils pourront en déduire que 1 colonne vaut 3 étoiles. Ils remplaceront alors l'Apollon de la balance 2 par des lyres, puis sur la balance 3, ils déduiront combien d'étoiles vaut 1 lyre. Ainsi, ils pourront attribuer des valeurs (de 1 à 8) à chaque élément et calculer combien d'étoiles il faut ajouter sur le plateau de gauche de la balance 5.

→ Indice 1. Rappelez-vous de vos cours de mathématiques avec les plus petits dénominateurs communs.
→ Indice 2. Le secret est de pouvoir attribuer des valeurs chiffrées aux objets.

SOLUTION

Il faut ajouter **7 étoiles** sur le plateau de gauche de la balance déséquilibrée.
Si on transforme les balances en équations, (P = Pianiste, A = Apollon, C = Colonne, E = Étoile et L = Lyre) on a :
Balance 1. 1 = 2A
Balance 2. 1A + 1C = 3E + 2L
Balance 3. 1E + 1L = 1C
Balance 4. 1P = 1C + 1E + 2L.
Donc on en déduit : 1A = 2E - 1L, 1P = 4E + 2L et 1C = 1E + 1L. On reprend la balance 4 en ne mettant que des E et des L et on obtient L = 2E.
Avec la balance 3 on trouve 1C = 3E.
Donc balance 4. 1P = 8E. Et balance 1. 1A = 4E.
On trouve donc : 1 lyre = 2 étoiles/1 colonne = 3 étoiles/1 Apollon = 4 étoiles/1 pianiste = 8 étoiles
Donc pour équilibrer la balance 5, il faut ajouter 7 étoiles à la colonne (3 étoiles) pour atteindre une valeur de 10 (pianiste + lyre, 8 étoiles + 2 étoiles).

Le MJ remet les **cartes 17 à 20** aux joueurs, ainsi que la **carte 37**, qui leur servira à la fin de la partie.

5e étape/Klimt et les femmes

Objectifs (à ne pas lire aux joueurs)

- Trouver quelle femme est la muse de quel tableau et en savoir un peu plus sur elle.
- Pour cela, résoudre un logigramme.

Mise en situation à lire aux joueurs

En dehors de ces musiciens, Klimt a peint très peu de portraits d'hommes. Il aimait surtout peindre les femmes pour lesquelles il avait de l'admiration. Bien qu'il ne se soit jamais marié, il a eu plusieurs enfants, de femmes différentes. Outre sa relation durable avec sa muse, Emilie Louise Flöge, il a eu des histoires d'amour avec Alma Schindler, âgée de 19 ans, et avec de nombreux modèles tels que Maria Učická et Marie Zimmermann (Mizzi). Quelle femme est présente sur le tableau que vous devez authentifier ?

Les joueurs devineront qu'ils doivent remplir la grille de logigramme des **cartes 17 et 18**, grâce aux affirmations de la **carte 20**. Ils pourront pour cela reproduire les cases du tableau sur une feuille et mettre des croix dans les cases dont la réponse est non et des ronds quand la réponse est oui. Ensuite, ils n'auront plus qu'à reporter ces résultats dans le tableau de la **carte 19**. Ils pourront soit reproduire ce tableau, soit donner les réponses à l'oral au MJ.

→ Indice 1. La première affirmation en rouge et les croix correspondantes sont un exemple.
→ Indice 2. Il suffit déjà de remplir la grille de croix et ronds en fonction des affirmations.
→ Indice 3. Puis, on complète les cases de la grille en sachant que l'on aura toujours 3 croix et 1 rond par colonne et par ligne de chacun des 3 blocs.

SOLUTION

TABLEAU	MUSE	SPÉCIFICITÉS
La Dame en or	Adèle Bloch-Bauer	Famille de banquiers
Le Baiser	Emilie Louise Flöge	Créatrice de mode
Schubert au piano II	Marie Zimmermann	Famille pauvre
La Danseuse	Ria Munck	Décédée à 24 ans

Dès que l'on note un rond, on ajoute des croix dans les 3 autres cases de la colonne et de la ligne et on remplit également d'autres cases correspondantes, si on peut. Une fois cela fait, on regarde dans le tableau quelles lignes ou colonnes ont déjà 3 cases remplies et on complète la quatrième de façon à avoir pour chaque ligne et chaque colonne 3 croix et un rond. Ensuite, on reporte les informations : par exemple, si Ria figure dans *La Danseuse* et que l'on a trouvé que ce n'était pas elle la créatrice de mode ou que cette dernière ne figure pas dans *La Danseuse*, on met une croix dans la case à l'intersection de « Ria » et « Mode ». On continue ainsi les reports et les compléments jusqu'à ce que la grille soit complète.

C'est donc **Marie Zimmermann** qui est représentée dans le tableau *Schubert au piano II*.

Le MJ remet les **cartes 21 à 27** aux joueurs, ainsi que la **carte 38**, qui leur servira à la fin de la partie.

6e étape/Serena Lederer

Objectifs (à ne pas lire aux joueurs)

- Retrouver des lettres cachées dans le tableau.
- Résoudre un alphaku et transformer les lettres par décodage.

Mise en situation à lire aux joueurs

Gustav Klimt a peint de nombreux portraits de femmes de la haute société viennoise, comme Johanna Staude ou Margarethe Stonborough Wittgenstein, ou encore Serena Lederer. Cette dernière, issue de la grande bourgeoisie juive viennoise, est l'épouse d'un riche industriel, grand amateur d'art et mécène. Observez bien le portrait de Serena Pulitzer Lederer, peint par Klimt, et tout spécialement sa signature, afin de pouvoir la comparer à celle du *Schubert au piano II*. Soyez rapides, l'heure de la vente aux enchères approche.

Les joueurs devront déjà observer le tableau représentant Serena, des **cartes 21 et 22**. Ils noteront que deux lettres sont dissimulées dans la toile. Ils devront ensuite résoudre une grille d'alphaku des **cartes 23 à 26**, qui leur permettra de récupérer des lettres (celles des cases colorées). Ils les compléteront avec les 2 lettres dissimulées dans le tableau, comme les y invite la **carte 27**. Ainsi, ils obtiendront 11 lettres qu'ils devront transformer, avec le code César « + 3 » : 1 A devient D, 1 B devient E... Avec les 11 nouvelles lettres, ils pourront écrire le nom qui leur permettra de vérifier la signature.

→ Indice 1. Observez bien la toile et relevez des indices.
→ Indice 2. La grille est un sudoku de lettres. Ne retenez que les cases dorées.
→ Indice 3. Si vous savez compter jusqu'à 3 et si vous connaissez l'alphabet, tout est dit en carte 27.

SOLUTION

Lettres cachées dans le tableau : Q Q
Lettres dans les cases dorées de l'alphaku :
D F R S P J X H I
Code César = on décale de 3 lettres vers la droite, soit : G I U V S M A K L T T

Les lettres de **GUSTAV KLIMT**.

D	X	I	H	P	F	S	R	J
H	R	J	D	X	S	I	F	P
P	S	F	I	J	R	X	H	D
R	P	H	S	D	X	F	J	I
I	D	X	R	F	J	H	P	S
F	J	S	P	H	I	R	D	X
S	F	D	X	R	P	J	I	H
J	I	P	F	S	H	D	X	R
X	H	R	J	I	D	P	S	F

Le MJ remet les **cartes 28 à 33** aux joueurs, ainsi que la **carte 39**, qui leur servira à la fin de la partie.

7e étape/Spoliations

Objectif (à ne pas lire aux joueurs)

- Remettre un texte dans l'ordre.

Mise en situation à lire aux joueurs

La signature est très ressemblante mais, somme toute, facile à imiter. Vous vous penchez maintenant sur le trajet du tableau *Schubert au piano II*, de l'appartement des Lederer au château d'Immendorf. Essayez d'en savoir plus sur ce qui a pu se passer durant cette sombre époque de spoliation de la population juive par les nazis. Pour vérifier si ce tableau est une copie ou pas, plongez-vous dans les archives de l'époque !

Les joueurs devront simplement remettre ce texte dans le bon ordre.

→ Indice 1. Remettez un peu d'ordre dans les dossiers d'archives.

SOLUTION

5 – 3 – 1 – 6 – 4 – 2

Collectionner des œuvres d'art était l'une des passions du couple Lederer. Ils étaient par ailleurs des amis proches de Gustav Klimt.
La collection d'August Lederer et de sa femme Serena est considérée comme la plus grande et la plus importante collection privée des œuvres de Gustav Klimt. Serena Lederer, devenue veuve en 1936, fut expropriée en 1938 par le régime nazi et une partie de la collection Lederer fut envoyée au château d'Immendorf, afin de protéger les œuvres des bombardements. En 1945, le château fut incendié, sans doute par des soldats allemands qui ne voulaient pas que les collections tombent entre les mains des alliés. On estime à au moins dix, le nombre d'œuvres de la collection Lederer parties en fumée au château d'Immendorf.

Le MJ remet la **carte 40** aux joueurs, qui leur servira pour cette énigme finale.

8e étape/Un destin extraordinaire

Objectifs (à ne pas lire aux joueurs)

- Résoudre des rébus et lettres cachées dans une citation, pour constituer une phrase.
- Lire une phrase en miroir utile pour la suite.
- Retrouver un mot à partir d'anagrammes.

Mise en situation à lire aux joueurs

Schubert au piano II aurait-il pu échapper à l'incendie ? Vous continuez d'éplucher les archives des années 1938 à 1945. Il suffirait d'une ligne qui atteste que tous les tableaux de la collection Lederer stockés au château d'Immendorf n'ont pas péri dans les flammes. Plus une minute à perdre, la vente est sur le point de commencer !

Les joueurs devront reconstituer une phrase à partir de rébus et de lettres cachées dans un texte (**cartes 34 à 36** qu'ils devront garder dans l'ordre). Cette phrase indique que certaines œuvres ont pu être sauvées. Ensuite la **carte 37**, avec sa phrase en miroir, donne une information pour résoudre l'anagramme des **cartes 38 à 40**. Les lettres présentes dans les cases vertes sont à reporter dans la case orange de leur colonne. Ensuite, avec les **cartes 39 et 40**, les joueurs sont invités à noter les lettres (d'une colonne n'ayant pas de case verte) qui ne figurent pas déjà dans cette colonne ou dans la ligne orange. C'est parmi ces dernières que se trouve la bonne lettre.

→ Indice 1. Les cartes 1 à 3 sur fond « incendie » permettent d'écrire une phrase déterminante.
→ Indice 2. Une phrase en miroir vous aiguille et vous indique comment reporter certaines lettres dans la ligne orange.
→ Indice 3. La grille des anagrammes à rallonge vous suggère un procédé pour gagner du temps.

SOLUTION

Carte 34. Certains tableaux (cerf-thym-tas-bleu-eau)

Carte 35. ont été sortis

Carte 36. du château avant l'incendie (du-chat-t-eau-A-vent-l'1-sang-dix)

Certains tableaux ont été sortis du château avant l'incendie.

Carte 37. La couleur verte signifie bien placée.

Cartes 39 et40.

AUTHENTIQUE

	Q	U	E	U	T	A	I	E	N	T
	E	N	Q	U	E	T	A	I	T	
	H	U	I	T	A	N	T	E		
	Q	U	A	N	T	I	T	E		
	E	T	I	Q	U	E	T	A		
	T	A	Q	U	I	N	E	E		
A	U	T	H	E	N	T	I	Q	U	E

Si les joueurs ont trouvé les solutions de l'énigme finale en moins de 45 minutes, le MJ leur lit le scénario positif. Sinon, il leur lit le négatif.

Scénario positif

Vous êtes maintenant convaincus que ce tableau est authentique. *Schubert au piano II* aura eu un destin extraordinaire ! Surtout, vous avez réussi à l'authentifier avant que la vente aux enchères ne débute. Félicitations, vous avez parfaitement agi en tant qu'experts de Gustav Klimt et votre connaissance de ce peintre, à la renommée universelle, est remarquable ! Vous pouvez être fiers car, ainsi, l'acheteur est assuré que son acquisition sera un très bon investissement.

Scénario négatif

La vente aux enchères débute et vous n'avez pas terminé l'authentification du tableau ! Pris de court, vous annoncez qu'il est bien de Klimt. À cause de votre lenteur et de votre manque de professionnalisme, c'est peut-être un faux qui sera vendu ici, à prix d'or. Croisez les doigts pour que ne fasse jamais surface un authentique *Schubert au piano II* ; car ce jour-là, vous risquerez d'avoir de gros ennuis !

92624 Gennevilliers Cedex
N° de Siren : 318826187
Directrice des Éditions Prisma : Claire Bernard
Directrice éditoriale adjointe : Laura Stioui
Responsable éditoriale : Valérie Langrognet
Responsable éditorial adjoint : Nicolas Rabeau
Assistante d'édition : Silvia Cavallini Campana
Chefs de fabrication : Jérôme Brotons et Anne-Kathrin Fischer

Réalisé par Le Livre d'Après
Auteure : Laurence Cluzel
Création graphique et mise en pages : marguerite.coop
Suivi éditorial : Isabelle Raimond

Illustrations : agence Shutterstock

Dépôt légal : octobre 2025
ISBN : 978-2-8104-4181-5
Imprimé en Slovénie par GPS